COUTUMES DE LAFOX

OCTROYÉES

PAR SICARD ALAMAN

EN 1254

PAR

M. EDMOND CABIÉ

AGEN

IMPRIMERIE & LITHOGRAPHIE Vᵉ LAMY

1883

Pièce
8° H¹
871

COUTUMES DE LAFOX

OCTROYÉES PAR SICARD ALAMAN, EN 1254

COUTUMES DE LAFOX

OCTROYÉES

PAR SICARD ALAMAN

EN 1254

PAR

M. EDMOND CABIÉ

AGEN

IMPRIMERIE & LITHOGRAPHIE Vᵉ LAMY

1883

COUTUMES DE LAFOX

OCTROYÉES PAR SICARD ALAMAN,

En 1254.

Une notice que nous avons publiée sur les domaines des Alaman dans le Lot-et-Garonne (*Revue de l'Agenais*, *IX*, *p. 293*), contient l'analyse détaillée et méthodique de la coutume de Lafox, en même temps que quelques renseignements qui se rattachent à l'histoire de ce texte. Il est inutile de rééditer en ce moment cet opuscule, mais comme nous y avons avancé que ces coutumes étaient en partie empruntées à celles de Saint-Sulpice (Tarn), octroyées par le même seigneur,[1] il nous a paru à propos, afin de compléter ici notre premier travail, de donner les preuves de cette assertion. En suivant le texte que nous éditons on trouvera, indi-

---

[1] La coutume de Saint-Sulpice se trouve dans les *Études historiques sur l'Albigeois*, par M. Compayré, mais avec des lacunes et quelques incorrections. Nous en possédons une copie complète prise sur le même manuscrit qui a servi à cet auteur, et nous espérons la donner prochainement au public.

qués au bas des pages, les divers articles visiblement copiés, en tout ou en partie, sur ceux de Saint-Sulpice, comme le démontre presque toujours l'identité des termes aussi bien que la marche parallèle des clauses.[1] — Quoiqu'ils se raccordent, pour le fond, avec le droit commun du pays, les autres articles de Lafox paraissent dériver le plus souvent des coutumes de la ville d'Agen, et c'est ce dont on pourra se convaincre en se reportant aux chapitres correspondants de celles-ci, que nous avons cru encore devoir indiquer dans le cours de notre reproduction.[2] — Enfin nous avons également inséré en note quelques observations qui résultent de l'examen de ces diverses imitations, et en outre de la comparaison de notre charte avec les principaux monuments coutumiers de la France du Sud-Ouest. Ces rapprochements sont instructifs à divers points de vue, et il est rare qu'ils n'amènent à d'utiles rectifications de lecture, et ne préser-

---

[1] Le rédacteur de Lafox a bien il est vrai reproduit en premier lieu les dispositions relatives aux crimes et aux délits qui n'occupent que la seconde partie de la coutume de Saint-Sulpice ; mais, cette intervention une fois faite, il a gardé dans le détail le même ordre que la charte qu'il avait prise pour modèle, tout en insérant çà et là quelques développements ou articles complémentaires dont il trouvait ailleurs le dispositif. Du reste, voici dès maintenant l'ensemble des articles de Lafox empruntés à Saint-Sulpice : 1, 2, 3, 4, 5, 6, 7, 8, 9, 12, 15, 16, 18, 20, 21, 23, 28, 31, 32, 33, 37, 42, 44, 45, 49, 50, 51, 52, 53, 54, 60, 61, 63, 67.

[2] Ces chapitres sont au nombre de 25, ainsi que le montre l'énumération suivante qui donne à la fois les articles de Lafox et ceux d'Agen entre parenthèses) qui se correspondent dans les deux actes : 14 (15), 24 (10), 25 (38), 26 (10,6), 27 (15 à 17), 29 et 30 (2), 34 (38), 35 (38), 43 (33), 46 (17), 48 (8), 57 (37), 58 et 59 (1), 64 (10), 66 (10), 68 (6), 69 (23), 70 (6), 71 (6,10), 73 (23), 74 (20), 75 et suiv. (29).

vent de certaines erreurs d'interprétation, qui, sans ce moyen, resteraient à peu près inévitables.

Le texte des coutumes de Lafox nous a été fourni par le cartulaire des Alaman, écrit dans les premières années du xive siècle, et aujourd'hui conservé dans l'étude de notre collaborateur, M. Mazens, notaire à Lasgraïsses (Tarn).

Il est à peine besoin de dire que nous n'avons rien changé ni corrigé en faisant sa transcription. Nous avons seulement séparé les articles les uns des autres et donné à chacun un numéro d'ordre, afin de faciliter les citations de chaque passage. — Notre document étant reproduit dans sa teneur actuelle, conserve ainsi quelques irrégularités, qui tiennent soit à la correction orthographique, soit aux caractères de la langue. Il y a là plusieurs contradictions qu'il est à peu près impossible de comprendre, si l'on ignore les conditions dans lesquelles elles se sont produites; aussi nous a-t-il paru indispensable de faire connaitre en même temps un petit nombre de remarques qui servent à les justifier. On trouvera ces éclaircissements dans les notes du présent travail, et peut-être conviendra-t-on, après le avoir parcourues, que les quelques particularités ou incohérences de cet ancien texte, loin de nuire à l'intérêt linguistique du monument, ne font en quelque sorte que l'augmenter.[1]

---

[1] On pourra remarquer tout d'abord que l'orthographe de ce monument n'est pas constante, ce qui tient, le plus souvent, à ce que notre transcription est l'œuvre de deux scribes différents, ainsi que le prouve assez le changement d'aspect qui se présente dans l'écriture du ms. à partir de l'art. 37. Tandis que le premier copiste emploie les formes *fair, pusca, vulha, maniera, prumiera, sira, siran, forsa, forsara, o sos,* etc., le second écrit *far, puesca, vuelha, manieira, premicirament, sera, forssar, ossos,* etc.

Quant à ce qui touche aux incohérences du langage, nous obser-

Ajoutons pour terminer ce préambule que la copie qui renferme la coutume de Lafox étant un manuscrit assez ancien, nous avons cru que certains lecteurs seraient peut-être désireux d'avoir une idée de l'aspect matériel de notre

---

verons en premier lieu, qu'il est à croire que l'original de la charte de Lafox fut écrit par quelque notaire Agenais, et que cela explique l'emploi de certaines formes ou expressions locales : *cosselh, prohomes de cosselh, guaje, pechas, espitori, noclament,* etc., qui étaient remplacées dans le Languedoc occidental par *cossols, prohomes de capitol, justicia, dex, costel ou postel, novelament.* Mais comme nous savons d'autre part que la copie que nous possédons est due à des scribes Albigeois, on comprend que ceux-ci aient substitué à des des termes qui leur étaient peu familiers, des mots qui appartenaient à leur dialecte ou leur étaient plus connus. C'est ainsi que, sans parler de quelques défigurations de mots, on peut mettre sans doute sur le compte de ces copistes *mekeissa* et *meteis, meital, endevenidors, fisanssas* (employé en même temps que *fianssas), gazanhar, manjar, coviens,* etc. Il est sûr du moins que, au lieu de ces expressions et surtout des premières d'entre elles, les chartes Agenaises que nous avons parcourues emploient *meissa* ou *meiss, mital, avenidors, fiansas, guanhar, menjar, covent,* etc. — Nous ferons plus loin quelques observations au sujet de *sangfoiso, pancosera, forsara* (art. 21), dont l'apparition dans l'acte demande également, croyons-nous, à être justifiée.

Sauf peut être dans l'emploi de certain pronom personnel, nous ne croyons pas que l'on puisse remarquer dans la charte de Lafox des nuances de dialecte se rapportant à la correction grammaticale, et, sous ce rapport, ses scribes paraissent s'être conformés assez exactement aux règles générales de l'ancienne langue classique. La distinction des cas y est appliquée assez souvent, mais sans régularité, comme d'habitude. On y trouve, comme sujet : *li prohome, senher, bailes, aquil, li vezi, vis, carns, tut* (tous), *quals, vendeire, li moli, laquals cortz, tuit li plait, lo cocelhs,* etc., et comme régimes : *de prohomes, senhor, per lo baile, aquel, a lor vezis, vi, carn, ses tot* (tout), *en cal, al vendedor, als molis, per la cort, los plats, del cocelh,* etc.

charte, et c'est ce qui nous a engagé à joindre à cette étude
un extrait de cet acte en fac-simile. On pourra en voir un
autre dans l'ouvrage que nous avons publié, avec M. Mazens,
sous le titre suivant : *Cartulaire et divers actes des Alaman,
des De Levis et des De Lautrec ; Toulouse, 1882.*

LAS COSTUMAS E LAS LIBERTATZ DE LA FOTZ.

In nomine Domini. Anno ab incarnatione ejusdem
Mo CCo Lo IIIIo. A totz homes presentz (et) endevenidors sia
causa maniffesta que aiso so las costumas quel senher Sicart
Alamans donet et autrejet[1] per si e per totz sos successors à
totz aquels homes et a las femnas que aras son ni habitan ni
d'aissi enant seran ni habitran en la villa de La Fotz, prob
d'Agen, ni en la tenguda o en la honor de la meteissa villa. So
es assaber : — 1. Que totz hom e tota femna que aucira autre
deu esser sos cors justeziatz a mort, e las causas d'aquel o
d'aquela so encorsas al senhor, paguada la molher si n'a et au-
tres doutors, si aquel que la mort aura faita rasonablament
escusar nos poira d'aquela mort. — 2. Item sil senher ossos
bailes aura clam de sangfoiso et aquo es jucguat, lo senher aura
d'aquel quil sangfoiso aura faig LXV sol. de Arn. de justesia
effara fair la emenda al sangfoisonat. Enpero si pus quel clam
sira faitz acordavan entre lor et ab lo senhor o ab son baile no
s'acordavam del guaje a sa voluntat pot ab sa cort am sagrament
las partidas enquerir, e sil sangfoisos per lor nos cofesse pot ne
enqueire testimonis si n'i a. E si troba que sangfoisos issia deu
aver los LXV sol. per lo guaje. E sil sangfoiso trobatz non era

---

[1] Ou peut-être *donec* et *autrelee*. Nous ne saurions dire lesquelles de ces
formes étaient préférées dans l'ancien idiôme de l'Agenais.

apertament no i aura for v sol. de guaje.[1] — 3. Et appelam sangfoiso tota naffra que sia facha ab ferr o ab fust o ab peira o ab os o ab altra causa estier pong o palma o onglas; e si ab aquestas causas fasia hom naffra en la cara en oilh o en boca per que la cara del ferit fes dessondrada es apelat sangfoiso.[2] — 4. Item, qui traira coutel en contenso felonessament el senher n'aura clam, lo senhor n'aura x s. de guajes, e si aquo non era proat lo senhr no i a for v sol per lo clam,[3] — 5. Item qui fier autre de peira o de basto senes sangfoiso el senher ossos bailes n'an clam, et aquo es proat o saubut ad engart [4] de la cort, lo senher n'aura x s. de guajes effara fair la emenda al ferit.[5] — 6. Item qui fier autre de pong o de burz o de palma o de pe el senher ossos bailes n'aura clam, lo senher n'aura v s, de guajes effara fair la emenda.[6] — 7. Item, qui apelara autre o autra fals o tracher o bocapude o mesel o deslcial o putana o baguassa o mesela, o autra semblant anta li dira, el senher o sos bailes n'a clam, auran v sols de guajes effara fair la emenda si doncas no proa que vers sia aquo que li ditz.[7] — 8. Item qui panara

---

[1] Les art. 1 et 2 de Lafox se retrouvent en partie dans la charte de Saint Sulpice.

[2] « Et apelan sang foyo, estiers ponh et palma et unglas (Cout. de Saint-Sulp.) » Cette définition qui reparait plusieurs fois en Albigeois et en Toulousain, ne se retrouve pas dans les coutumes de Lot-et-Garonne, et il en est de même du mot *sangfoiso*, fort usité en Languedoc et jusques dans le Quercy (Montauban, Mondenard). En Gascogne il est surtout question de *blessures légales* (*plaga legalis*).

[3] Item à Saint-Sulp.

[4] Corr. *esgart* (Voir plus bas. art. 65).

[5] Item à Saint-Sulp.

[6] Voir note suivante.

[7] Cet article et le précédent sont les mêmes à Saint-Sulp. « E qui fer autre de punh o de burs o de palma, pague v s. de tolza al senhor... et emende l'aonta. — E si hom apela autre fals ny trachers ny bocapuda ny deslial ny mesel, pague al senhor 11 s. vi d. et adobe l'aonta, si proar no podia quel vialtengut fos aytal co el l'apelava. Et si las femnas se apelavan

garbas de dias donara al senher v s. de justesia, e si las pana
de nuetz LXV s. al senhor de justesia effara la emenda.[1] — 9. Item,
qui panara rasims de dias en panier o en sac o en comporta do-
nara al senher v s. de justesia; e quin panara de nuetz LXV s.
de justessia effara la emenda.[2] — 10. Item, qui fara laironici
de causa valent II sol. o mens, si doncas no era causa de pechas,
auran lo senher la prumiera veguada v sol. Et si d'aqui enant i
sira sobrepres auran lo senher x s. e aquel que aquo aura panat
correra la villa o estara a l'espingoli ossera senhatz e fara la
emenda.[3] — 11. E sil laironici es de causa que valha mais de
II sol. et no es causa de plechas[4] es lo laires et totas sas causas
encorregutz al senher, paguada la emenda e sos deutes. — 12.
Item, totas las talas et las malasfaitas rescostanhas deu lo sen-
her e sos bailes ab le cosselh de la villa ecercar, e si es aperta-
mentz atrobatz qui o aura fait, deu li fair lo senher la malafaita

---

entre lor putanas ny falsas ny adultrairitz ny meselas ny bocapudezas, etc.»
— A l'inverse de ce qui a lieu en Languedoc, les coutumes de la Guyenne
ne font pas l'énumération des injures. Nous la retrouvons toutefois dans
quelques chartes de la Gascogne : *Cout. municip. du Gers*, par M. Bladé,
p. 139; cout. d'Auch et de Sainte-Gemme, dans l'*Hist. de la Gasc.* par
Monlezun VI, p. 68, 277.

[1] Se retrouve à Saint-Sulpice.
[2] Item à Saint-Sulp, où, au lieu de *comporta*, on lit *semal*, moins usité peut être en Agenais.
[3] Cet article, comme d'autres, se retrouve pour le fond à Saint-Sulp. aussi bien qu'à Agen; mais, d'après ses détails, il parait être d'inspiration Agenaise. Le mot *espillori* (Voyez cout. de Clermont-Dessus, articles 72, 54, Larroque-Timbaud, article 63, de Condom, article 157, de Cahors, article 66, de Gourdon, article 11 et Du Cange, v[h] *pilorium, spilorium, spillorium*) a été défiguré par le copiste, plus familiarisé sans doute avec ses équivalents *postel* ou *costel*, usités dans l'Albigeois et le Toulousain. La peine de l'exposition et la marque de flétrissure, quoique appliquées dans tout le pays, ne sont pas énoncées dans les cout. que nous connaissons pour le Haut-Languedoc. D'après la ch. d'Auvillar, article 152, les voleurs étaient marqués à la tête.
[4] Corr. par *pechas*, de même qu'aux articles 75 et suivants.

emendar.¹ — 13. Et si la malafaita o la tala val 11 sol. o mens lo soher i a v s. de justezia la prumiera veguada, e d'aqui enant x sol. de justesia, e quen deu hom far aquo que desus es dit de laironici de causa valent 11 s. o mens. — 14. E si la tala o la malafaita val mais de 11 s. lo malfatas e totas sas causas so encorsas al senhor, faita la emenda e sos deutes paguatz.² — 15. Enpero si no es trobat qui aura aquo fait deu esser emendat del cominal o en autra maniera segon que las emendas se faran en la terra, que si aquil de la vila emendan a lor vezis le vezi deuran a lor emendar.³ — 16. Item, qui te falsa mesura ni fals pes ni falsa auna en ven on compra, sil senher ossos bailes ab lo cosselh de la vila la troba falsa, auran lo senher la prumiera veguada LXV sol de justesia, et si d'aqui enant i es sobrepres er encors lo cors essos bes avers.⁴ — 17. Et aiso no es entendut de mesura amque hom ven vi a taverna, car d'aquela passara casouna veguada que la mesura sera trobada falsa per lo baile ab lo cosselh ab x s. de justesia al senhor, e quel vis aitant quant n'aura del dozil essus per quel tra sia encorregutz a la vila.⁵ — 18. Item totz homs que vendra avol carn o mesela e no detria, ses demandar, als compradors cals es la carns, pusque la venda en plassa, deu perdre la carn, e que sia dada per amor de Dieu, el senhor aura d'aquel qui la vendra x sol. de

---

¹ De même à Saint-Sulpice.
Confér. cout. d'Agen, ch. 15.
² Item, à Saint-Sulp., sauf la fin de l'article qui rappelle ce que l'on trouve dans les cout. de Larroque-Timbaut, 64, et en Gascogne (Montezun VI, 13, 43). Voir aussi cout. de Condom, 48. La responsabilité communale, établie pour les méfaits clandestins, était en quelque sorte de droit commun. Elle est déjà inscrite dans les statuts publiés par Raymond VII, au sujet de l'hérésie, en 1233 ou 34.
³ De même à Saint-Sulpice.
⁴ Cette disposition est particulière aux chartes de l'Agenais et de la Gascogne : Cout. de Clermont-Dessus. art. 66 ; de Larroque, art. 70 ; de Buzet ; d'Auch ; de Labejean, de Polastron, etc.

justesia e la vila autres x s.[1] — 19. Item qui cassara de dias autrui clapiers ab filatz ni i metra furo o pescara en autrui pesquers donara al senhor xx sol. de justesia, e si aisso fara de nueitz er encorregutz al senhor per totas sas causas, e tota via deura fair la emenda ad aquel qui aura pres lo dampnatgue.[2] — 20. Item qui pana fe o palha de fenier o de palhier o de borda de dias en fa fais auran lo senhor v sol. de justesia et de nueitz xx sol. effara fair la emenda.[3] — 21. Item qui forsara femna el senhor ossos bailes n'aura clam, si la forsa es proada ossaubuda apertamentz per lo senhor o per sa cort, aquel qui la forsa aura faita es encorregutz al senhor de cors et d'aver.[4] — 22. E si per per aventura la forsa sera faita de nueitz o e maniera que la femna digua que no conosca personalamentz ni sab qui l'a forsada, e de la forsa la femna s'en rancura al senhor o al baile deue (corr. deu ne ou devo) lo senhor ab le baile ab los cosselh de la vila fair enquisition, e si la veritatz es trobada es encorregutz al senhor de cors e d'aver aquel o aquilh qui la forsa auran faita. — 23. Item si alcus hom o alcuna femna en la villa o en l'apertenement es pres en adulteri per lo senhor o per so baile ab II prohomes o

---

[1] It. à St.-Sulpice. : « Etotz hom que vendes abol carn ny mezcla pagues al senhor x s. et la carn perduda, et al capitol v sols ad ops del condiesier de la vila, sy donex lo mazeliers no detriava la carns qualz es ad aquel a qui la vendria. » (en partie inédit).

[2] On trouve des dispositions peu différentes à Auvillar, art. 159, à Eauze (éd. par M. Bladé, p. 218), etc.

[3] It. à Saint.-Sulpice

[4] Cet art., emprunté à St.-Sulp., emploie une expression (forsar) qui, pour n'être pas inconnue dans la contrée (Cout. de Condom, 41, 42,) est généralement remplacée dans l'Agenais et le Quercy par pelejar ou barrejar (Clermont, Larroque, Gourdon 14, Cahors 142, Corbarieu.) Le rapprochement des art. 55 de Clermont et 65 de Larroque nous donne l'une des preuves que, malgré l'hésitation de M. Mouillé, les mots ci-dessus étaient synonymes ; mais cela n'empêche pas que pelejar avait aussi quelquefois le sens quereller (Voir Cout. de Larroque, note 261 et art. supplem. ; de Prayssas, art. 12, et Gloss. occit.)

ab mais, que sian del sagrament de la vila, de cosselh o d'autres, que no sian messatgue loguadier del senhor, e li adultre siran trobat sols ab sola e nutz ab nuda, e lo home braguas baissadas e la femna faudas levadas, anran lo senher LXV sol. de cascus de justesia et ambi li adultre correran la vila tut nutz ses tot autre acordier quel senher non prendra de lor.[1] — 24. Item, de tot clam quals que sia quel senhor ossos bailes recepia deu aver lo senher V sol. per lo clam, si doncas en las costumas no es detriat et escriut en cal maniera den passar, quar d'aquo deu esser la costuma tenguda, el senher no deu forsar negun home par son guatge entro que aja fait acomplir aquo per que el a lo guatge.[2] — 25. Item, qui gitaraban de causa en quel senhor o sos bailes o autre per lor mandament l'aja mes ni pausat paguara al senher V sol. de justesia.[3] — 26. Item, sil senher osses bailes an clam d'alcun home o d'alcuna femna, e d'aco li assigna dia o dias et es deffalhens, paguara per cascun dia deffalhit X sol. de justesia e deffara las messios d'aquel dia deffalhit asson adversari, a conoguda de la cort, et aisso deu esse entendut si no pot proar

---

[1] La charte de St.-Sulp. et plusieurs autres (Cout. de Lisle-Jourdain, Moissac, 12, 13, Montauban, Saint-Antonin, Corbarieu, Mondenard, Castelnau de Bonafous, etc.) portent seulement que les coupables sont, corps ou biens, à la discrétion du seigneur, tandis qu'ailleurs on mentionne à la fois, comme punition, l'amende et la course en public sans vêtement. Agen 19, Clermont 52, Larroque 59, Condom, 40, Gourdon 13). A Millau, on ne pouvait se soustraire à cette dernière peine ; mais la faculté de choisir entre l'une ou l'autre était accordée par les chart. d'Albi, Cahors, 144, 145, Montcuq 10, Montricoux 28, Villebrumier 40, Thegra 18, Preyssas 13, Auvillar 17, Ste-Gemme, p. 277.) Aubiet, etc. Cette option reparaît constamment dans le formulaire adopté pour les chartes des bastides d'Alfonse et de ses successeurs.

[2] Voir cout. d'Agen, ch. 10, 1⁰, alin. — Confér. cout. de Condom, 12, 13 ; de Lunas (Aiguillon), 35 à 39 ; de Montcabrier, 30 à 34, et Realville, 31 à 35.

[3] Est à Agen, en partie, ch. 38, 1ᵉʳ al. — Voir aussi cout. de Castelsagrat, de Lunas, etc.

aundosament aiz conogut per que no pog venir, si enpero lo
deffalhimentz sira aundosamentz conogutz.¹ — 27. Item, totas
las emendas se devo fair a conoguda del senher o de so baile
o del cosselh o dels prohomes de la vila.² — 28. Item, si alcus
hom o alcuna femna de la vila sera encorregut al senhor en al-
cuna maniera, li homes de la vila devo cobrar lor dentes que
aquel o aquela lor devia enans quel senhor prengua los sieus
les.³ — 29. Item, totz hom e tota femna de La Fotz e de
l'apertenement den estar francs de tota questa e d'albergua e
d'autra semblant servitut, estiers la ost quel senher de la terra a
generalment per Agines ; et quan lo senher fara aquela ost, si
mosenher Sicartz o li sieu te los omes de La Fotz francx d'a-
quela ost, devo donar al senhor Sicart o als sieus causa raso-
nobla per asa ⁴ que montaria la messios el destric que farian per
la ost.⁵ — 30. E sil senher Sicarts et li sieu per si meteis aura
fazendas li home de la vila li devo seguir l² jornada ; enpero
no los deu traire foras d'Agenes s'il dia meteis dins l'avesquat
d'Agenes no los tornava. — 31. Item, li home e las femnas de

---

¹ Conférr. Agen, ch. 10, 2ᵉ alin. et ch. 6, 2ᵉ alin. Clermont, art. 27, Laroque-Timb. 29. — Aiz ou aitz conogut (nécessité reconnue) est une expression qu'on retrouvera plus loin (art. 72) et qui revient plusieurs fois dans les dispositions analogues d'autres coutumes : Sérignac (d'après la note 149 de l'éditeur des coutum. de Laroque), Castera-Bouzet, Montauban.

² A Agen, cette disposition est contenue dans le ch. 15, al. 3, 4, ch. 16, al. 1, ch. 17. — Elle est aussi dans divers art. de Laroque, etc.

³ Analogue à Saint-Sulp. Du reste, cet art. est de dr. commun, et est appliquée à Agen, aux ch. 15, 16, 17, 21.

⁴ Corr. sans doute per razo ou per aco.

⁵ L'affranchissement de quête et d'albergue et la réglementation du ser-
vice militaire, dû par les sujets du seigneur, sont fréquents dans nos
anciennes chartes. Les dispositions de celle de Lafox (art. 29, 30), se re-
trouvent à Agen, ch. 2, et mieux à Clermont, 75, Laroque, 50, etc. Voir
aussi : Moissac, 11, Cahors, 30, Auvillar, 9, 28, Lectoure (page 84), Bivès,
art. 36 et 38, Aubiet, etc.

La Fotz e de l'apertenement devo esser franc de leuda e de pesatge e d'aribage en la vila de La Fotz et en la senhoria de totas lors causas domenjas que en la vila vendan o compro o ab lor propri cabal foras de la vila traguan o per la Guarona porto o fossan portar.[1] — 32. Item, podo lors fieus que teno del senhor vendre et empeenhar e donar et alianar a coi se vuelhan que sia estaguas de La Fotz, estiers cavaier o clergue o maiso d'orde, salvas las senhorias e las drechuras del senhor, so es assaber, del sol. de la venda I d. et de la penhora I[a] mealha, els acaptes aitant co so las oblias, et estiers que non o puscan donar assobre ficus.[2] — 33. El senher ossos bailles per lui podo davant autre comprador aver per lo pretz que autre i voldra donar sil senhor o vol assos ops retener, ses cuberta que no i deu fair, quar el o deu tener a sa ma I an et I mes, si doncas no offasia aver ad home que novelamentz vengues estar e la vila.[3] — 34. Enpero si aquel que o ven o vol fair aver a parent sieus o de sos effantz pot offair denant senhor.[4] — 35. E quant lo senher o retendra el ossos bailes deu respondre al vendedor dins VIII dias pus quel pretz que autre i vol donar li aura lo vendeire denunciat si o voldra o no, e si adoncas lo sen-

---

[1] De même à Saint-Sulpice.

[2] Voici l'art. semblable de Saint-Sulp. « E totz hom et tota femna puesca vendre et donar et empenhar et alienar totas sas honors et sas causas moblas e no moblas a cui se vuelha que sian estatgias del castel, estiers cavalier o clergue, salvas las senhorias que s'aperteno a las vendas, so es assaber : de las terras acessadas, sis vendian, del sol un dinier, e si s'empenhoravan del sol una mialha, e sas autras seignorias se hi avenian... Et nulz hom no puesca donar a sobre ficu neguna honor. »

[3] Le fond est le même à Saint-Sulp. — Notre texte montre qu'il faut corriger par *senes cuberta*, au ch. 38 d'Agen, 2° alin.

[4] Disposition dérivée du droit de *retour* à la famille ou *rètrait lignager*, fort usité en Guyenne et en Gascogne, mais qui n'est pas mentionné par les chartes du Toulousain et de l'Albigeois. Confér, Agen, 38, Condom, 88, Gourdon, 23, etc. Une charte du livre de M. Bladé, p. 49, a une clause expresse pour prohiber ce droit de préférence de la famille.

her ol bailes si retener e volo del pretz ne faran a voluntat del vendeire o diran que no o volo ; d'aqui enant lo vendeire offara aver per aquel pretz a cui se vulha que sia estacgans de la vila, estiers las personas desus ditas, el senhor ol bailes deura ho lausar al comprador, salvas sas dreituras co dessus es dit.[1] — 36. Item, li home de la vila e las femnas de la onor podo talhar els boscs del senhor ses forestatge lenha ad adre effusta per fair conderciers, e la senhoria del senhor.[2] — 37. Item, devo usar franquamentz dels pasturals e de las aiguas [3] del senhor e pescar en las aiguas, sino tant solamentz els estancx dels molis aitant qant l'engorgats dura, loqals monta tro al ga que es apelatz del Columbier ; e qui d'aqui enins pescara ses voluntat del senhor o del baile de dias ab filatz pagara al senhor v sol. de justizia, e de nuechz xx sol.[4] — 38. Item, totz hom e tota femna de la vila deu molrre so blat que aura en la vila obs a son manjar als molis del senhor, el senhor den lor far moldre per la tretzena part.[5] — 39. E si hom de la vila aura so moli ab voluntat del senhor en la honor de la vila pot aqui moldre son blat sis vol.

---

[1] Cet article est encore pris à Agen, chapitre 38. Voir aussi coutumes de Condom, 84, etc.

[2] De même que plusieurs autres dispositions de notre charte, sur lesquelles nous ne faisons aucune observation, celle-ci est si fréquente qu'on peut la considérer comme étant de droit commun. Le mot *foreslage*, se retrouve usité à Auvillar, 163, 168 et encore ailleurs, en Gascogne, etc.

[3] C'est en cet endroit que le texte de notre ms offre le changement d'écriture, déjà signalé dans l'introduction.

[4] L'article est à Saint-Sulpice pour le début. Voir au surplus sur ces concessions, fort répandues dans toutes nos contrées, coutumes de Lunas, 52, de Montricoux, 13, etc.

[5] Au sujet de cet article et des 3 suivants, nous observerons que le droit de banalité des moulins n'est pas très fréquent dans les coutumes. Une partie des dispositions, ici énoncées, se retrouve pour le fond à Corbarieu, Montricoux, 17, Espalion et Requista, Labejean en Gascogne, etc. ; la fin de l'article 41 rappelle aussi ce qu'on lit dans Monlezun, p. 124, 275.

— 40. Enpero si lunh hom de la vila trazia son blat de la vila o de la honor per portar moldre ad autres molis dementre que li moli del senhor seran acesseratz de moldre et quel no podia nostrar prohomes de la vila o no volia averar per so sagrament que aquel blat agues als molis del senhor portat e tengut I dia que no l'a pogut molrre, agnes lo senhor lo blat per encors. — 41. Et si li moli del senhor no podian moldre tot lo blat dels homes de la vila et autre hom aura o tendra so moli en la honor de La Fotz e no volia moldre als habitans de La Fotz per lo tretze, en aissi coma als molis del senhor, le senhors o sos bailes l'en deu forssar. — 42. Item, si alcus hom de la vila trobara abelhas e sos ficus que te del senhor, las abelhas seran suas; e se las trobara alcus hom de La Fotz en la terra del senhor aura lo trobaire la meitat, el senhor l'autra meitat.[1] — 43. Item tot hom que vengua estar a La Fotz deu estar franc d'ost qant noelament i sera vengutz estar I an et I mes.[2] — 44. Item lo senhor ni sos bailes no i deu gitar negu home ni neguna de la vila per negu forfait entro que sia jutguatz per la cort del senhor, laquals cortz deu esser de prohomes de la vila de cocelh o d'autres; e si alcus o alcuna n'es gitatz per jutguament o per crim manifestat lo senhor no li deu tornar, menhs de voluntat del cominal de la vila.[3] — 45.

---

[1] Les cout. de St.-Sulp. portent: « Et si venia abentura d'abelhas en lors terras que fosso d'aquel de qui la terra seria. E si eron trobadas en la forest ni en la terra del senher Sicart, que fos la meytat del senhor et l'autra meytat d'aquel que las atrobaria. » Cet art. a plusieurs équivalents en Albigeois (Saint-Gauzens, Paulin) et même en Gascogne (Bladé, Cout. du Gers, p. 76, 97); mais nous n'avons remarqué pour l'Agenais que l'exemple de Lafox, lequel est, comme on vient de voir, de provenance étrangère.

[2] Conférez Agen, ch. 33.

[3] It. à St.-Sulp.: « El senher no deu gitar negun home del castel sobredig per negun forfait entroque sia jutguat per luy o per sa cort ab cosseil del cappitol. » Quant à la suite de l'article, le rédacteur a pu la puiser dans le droit commun, car on la retrouve de tous côtés.

Item lo senhor ni sos bailes no deu pendre ni tenir pres negu home ni neguna femna qui vuelha ni puesca fermar dreit a conoguda del cocelh de la vila.[1] — 46. Item lo senher o sos bailes pot per si meteis ses clam que ja non aja ab su cocelh de la vila demandar e far inquisitio et ecercar tot murtre e tot laironissi, mas ses lo cocelh de la vila no o deu far.[2] — 47. Item sil senhor o sos bailes per si meteis, ses clamant que aja, vol re demandar a negu home o femna de la vila, estier de fait de laironissi o de murtre co dessus est dit, nol deu forssar que li ferme ni li donne fianssas, mas quant per sa ma e sobre sas causas ; el senhor ni sos bailes no deu re proar per si meteis contra alcu hom o femna de la vila, e negu deman que li fassa, de que si proat era degues aver encorrement o gatge, mas quant solament per sa cort, laquals deu esser dels homes de la vila, e per aquela poira pour tota causa que davant sa cort sia faita o dicta o proada o cofessada. — 48. Item, tuit li plait dels homes et de las femnas de la vila que auran davant lo senhor o so baile si devo plaidejar et jutguar dins la vila, quel senher non deu degu mandar de fora.[3] —49. Item, si alcus hom o femna de la vila si vol mudar ni anar en autre loc pot o far francamentz ab totas causas ab que o fassa saber al senhor o a so baile viii dias enantz, el senhor deu guidar lui e sas causas a so lial poder 1ª jornada per la terra del senhor comte de Tholosa.[4] — 50. Enpero aquel quis mudara deu premieiramens pagar totz sos deutes al senhor e als homes de la vila, e pueis que sera mudatz si vol re demandar ad home ni a femna de la vila d'aquo que sera estat fait dementre que el era estatguas de la vila no o deu ni o pot demandar, mas

---

Est mot à mot à Saint-Sulpice.
Voyez Agen, ch. 17.
Voir de même Agen, ch. 18. Du reste, cette disposition était partout usitée : Condom 4, Mondenard, en Quercy, etc.
Voir à Saint-Sulp ce.

quant en la vila meteissa davant lo senhor o de so baile.[1] — 51. O si aquel quis mudara aura maios o autras heretatz en la vila o en la honor e las vol a si aretenir pot o far ab que en la vila tengua estangant tal que fassa per las causas las dreituras al senhor e a la vila ad esgart del senhor e del cocelh aissi be coma faria el meteis si estava aqui, et que el meteis vengue en la vila estar mes o dos o mai sil senher el cocelh de la vila li o mandavan que conoguesso que fos profieg del senhor e de la vila ; en autra manieira si aisso que desus es dit no fazia et tenia las causas otra VI mes, pus de la vila se seria partitz, d'aqui enant lo forssaria hom que las vendes ad home que fos estadjans de la vila, e si vendre no o volia, e troba a cui, lo cocelh ab la baile deu las causas estimar lialmens e per aquel pretz lo senhor e, si el no o vol, autre hom de la vila a cui lo senhor o deu far bo, pot aver, el senhor deu tenir lo pretz entro que aquel de cui seria o agues autrejat e quitat e ma del senhor al comprador.[2] — 52. Item, de tot home e de tota femna de la vila que sia d'état aja sos deriers testamens e sos derriers adordenamens tenguda, si expressamens no era contra dreit, totz autre testamens et adordenamens revocatz.[3] — 53. Item, si alcus hom o alcuna femna mor ses testamens, las causas devo tornar als filhs et a las filhas, e si non a, als plus propris parens tro al qart gra.— 54. E si aquel que i deura esser heretatz o heretar no es saubutz lo senher e li homes de la vila devo las causas I an et I mes gardar, et si dins aquel temps es heretiers aparegutz, quant sera conogut deu cobrar las causas, et si aparegutz no i es heretiers dins aquel temps deu hom d'aquelas causas sos deutes premieiramens pagatz donar la meitat per amor de Dieu, e l'autra

---

[1] Conférez Saint-Sulpice.
[2] Voir de même à St-Sulp. Toutefois l'article de Lafox ajoute quelques détails qu'on ne remarque pas ailleurs.
[3] Cet article et les deux suivants se retrouvent à Saint-Sulpice.

meitat deu esser del senhor. — 55. Item lo senhor deu donar los logals de la vila obs de maios, de viii brassas de long e de iiii d'amplas, ab viii den. Arn. d'oblias et ab viii d. d'acaptes ; et iª pogesada de cazal a la perga d'Agen per iii d. d'oblias et per iii d. d'acaptes ; e las autras terras totas cominalmens als homes que dins la vila estaran, cascuna dinairada à la perja d'Agen, ab vi d. d'oblias et ab vi d. d'acaptes. — 56. Et aisso es entendut d'aco quel senher voldra donar, car el poira a sa ma retener aquo que donat no es per lui o per so baile a sa voluntat. — 57. E si alcus hom o femna de la vila tendra mais de terra en casals o en autres afiuzamens de terras que en la carta d'aquels ficus nos dira, el senher aquela terra li fara perjar els cocelhs de la vila conoissera que no o fa a mala fe, lo senher no deu per aco aver negu gatge ni aquel que la terra te per aco no la deu perdre, mas quen deu pagar oblias et acaptes per razo que paga de l'autra terra, et quen reda aquo que degra aver pagat, et quel senher o sos bailes d'aquo li autrege carta.[1] — 58. Item lo bailes quel senher metra en la vila deu jurar als homes de la vila que lors costumas e lors franquesas quel senher lor a donadas lor garde et lor tengua, e si contra aquelas venia que s'en torne al dit del senhor de la vila.[2] — 59. Els cocelhs de la vila devo jurar al baile que lialmen lo gardo coma baile de senhor et a lor poder lialmen l'acocelho en las dreituras del senhor. — 60. Item s'il baile se malmenava contrals homes de la vila et contral senhor li home de la vila o devo nostrar al senhor e si aco lo senher sabra per ver deu lou moure et autre metre.[3] — 61. Item aquo que hom

---

[1] Dispositions semblables à Agen, chapitre 37, et à Solomiac, art. 80.
[2] Pour cet article et le suivant, conférez Agen, chapitre 1.
[3] It. à St.-Sulp. « E sil baile se malmenava bas lo senhor ni bas la vila et aquel mal menament proavan davant lo senhor quel senhor aquel baile n'ostes et n'y meses hun autre. »

fara ab lo baile d'assessamens de terras et d'autras causas deu aver valor si doncas fait no era en bauzia et en dapnatgue conogut del senhor, e si engans i ero trobatz, en aquo que i seria estat fait, deu esser revocat a voluntat del senhor ses justizia e ses pena d'aquo que aquels auran fait ab lo baile.[1] — 62. Item lo cocelh que sera en la vila no i deu estar for 1 an ad una ma, et al cap del an devon ab lo cocelh del baile autre elegir, e si aquelh que per lor seran elegit no volian esser deu los ne lo senher ol bailes forssar, a conoguda d'aquils qels auran elegitz, e devo jurar al baile et al cominal de la vila el cominals a lor.[2] — 63. Item, si alcus hom o alcuna femna se clamara al senhor o a so baile de deute conogut o d'autre causa que aquel de cui hom se clama no li desconosca, si donca no era causa de crim, de maldit o de batemens, et aquel de cui hom se clama s'es endevengutz d'aquo ab lo clamant dins XIIII dias, lo senher no i aura gatge per aquel clam; e se dins aquels XIIII dias no s'era endevengutz ab lo claman lo senher l'en deu forssar, e que n'aura v sol. per fo clam.[3] — 64. Item, de tot home e de tota femna quels clama deu lo senhor aver fizanssas, si las pot donar, e si ditz que no las pot donar deu aco jurar e quen donara quant puesca, e que passara ad esgart de la cort, et aquel de cui hom

---

[1] It. à St.-Sulp. « E tot aquo que faran li habitador de terras e de honors acessadas ab son baile que aya stabilitat per tos temps ab que sia fait a bona fe o sanes engan, pero si engans hi era trobatz en aquo que hi seria estat fait ab lo baile, fos revocat et desfait a voluntat dal senhor e dels sieus senes justicia d'aquels que aurian fait ab lo baile. » (inédit).

[2] Le fond de cet article est, en partie, à Agen. ch. 1 et 52; mais la cout. de Lafox ne mentionne pas l'obligation d'accepter la charge de consul, sous peine d'amende, obligation que nous retrouvons à Clermont-Dessus, art. 7, à Larroque, art. 4; Preyssas, 2ᵉ cout., Auvillar. 59, Gourdon, 39. La comparaison de ces textes montre que M. Moullié a eu tort de ne pas maintenir le mot soanavia (refusait), dans le texte de Larroque, et qu'il aurait dû lire de même soane et soanar (au lieu de lo ane et lo anar) dans celui de Prayssas.

Le fond est à Saint-Sulp.

se clama deu far aquo meteis.¹ — 65. E sil clams es de causa de crim lo senher deu esser segurs del cors d'aquel que fermar non poira ad esgart del cocelh e de sa cort. — 66. Item lo senher o sos bailes quant ausira los plats deu aver ab si per cort alcus prohomes de la vila de cocelh o d'autres, quar ses lor no deu far negu jutgament, e totz hom de la vila es tegutz que al man del senhor o de so baile sia ab lui a plaits et a far jutguamens.² — 67. Item lo vencutz quant lo plaits sera passatz et acabatz per jutguament o en autra manieira deu gitar quiti de cort ³ aquel que aura lo plait gazanhat, e li deu deffar las messios els dapnatges que aura fait per lo plait a conoguda de la cort e del baile e si el pagar no pot devo o pagar las fianssas e se fianssas non a donadas de fait de crim o d'enjuria deu l'en hom castiar a conoguda del cocelh e del baile e si es deutes o autra causa deu jurar que no pot pagar ni covienhs atendre e que o fara quant puesca.⁴ — 68. Item lo senhor o sos bailes deu forssar tot home e tota femna de la vila de far testimoni de veritat, si doncas per so grat far nol volia per aquel que en testimoni lo voldra traire.⁵ — 69. Item totz hom e tota femna que digua que no pot pagar ses vendre sas causas e aco jura deu aver XIIII dias per vendre causas moblas, e per heretatz XL dias ; e si ditz que e nulha manieira no pot pagar ni a de que deu li hom aco far jurar cascu mes e que pagara cascu mes aco que puesca, levat son conduch e so

---

¹ De même à Agen, ch. 10 4ᵉ alin.
² Le fond est à Agen, ch. 10.
³ Peut-être doit-on corriger par *cost* (frais).
⁴ En partie à Saint-Sulpice.
⁵ It. à Agen, ch. 6, 3ᵉ alinéa ; Clermont, art. 26 ; Larraque, 24 *in fine*.
L'article 26 des coutumes de Clermont, lesquelles, comme on sait, ont servi de modèle à celles de Larroque, offre évidemment, après le mot *plach*, une lacune qui doit être remplie au moyen du passage correspondant de la seconde de ces deux chartes. Quant aux mots « cel (El) vencutz en tot plach, etc. », ils se rapportent à une disposition différente et qui, dans les coutumes de Larroque, constitue l'article 27.

vestir de si e de sa mainada,[1] — 70. Item, de tot desasiment que sia noclamens faits deu hom respondre ses dia aver,[2] — 71. Item en tot plait que vengua davant lo senhor o davant so baile per razo de clam deu hom donar et asignar a las partidas aquels dias razonables que usan cominalmentz ad Agen.[3] — 72. Item totz faitz d'enjurias d'antas e de batemens deu esser delivrat dins III dias pus quel clam sera faitz si doncas aiz conogutz no s'i endevenia perque se degues mais alongar.[4] — 73. Item, per clam de barata no deu hom penhorar vestimenta, ni draps de leit, ni armas, ni espleits ab que s'afane cascu dia ni semenssa ni blat que porte hom a moli.[5] — 74. Item, si alcus hom o femna de la vila trobaran autre en lor osdal que i sia intratz de nuechz per panar o per autre malfar deu cridar a sos vezis e quel prengua si pot; enpero si pendre nos laissava es tornava ab cotel o ab armas ab que pogues autre aucirre, si sobre aco l'aucizia hom, non er tengutz a senhor ni a vila aquel que l'aucirra.[6] — 75. Item, lo cocelhs de la vila e li prohome ab lo

---

[1] Cet article paraît appartenir à la région. On retrouve ses prescriptions, mais accompagnées de longs développements dans le chapitre 23, d'Agen, identique mot pour mot à l'article 95 d'Auvillar. Voir aussi Condom, 28, Castéra-Bouzet (page 99).

[2] Pas plus que la précédente, cette disposition ne figure dans les chartes de l'Albigeois et du Toulousain, tandis qu'elle est reproduite, sinon à Agen, chapitre 6 et 10, du moins à Clermont, 22, à Larroque, 21, Condom, 21.

[3] Voir par conséquent Agen, chapitre 6 et 10. — Observons du reste, à cette occasion, que les coutumes du Haut-Languedoc, celle de Toulouse exceptée, sont généralement muettes sur la procédure.

[4] Conf. Clermont 22, Larroque 21.
Cette clause se retrouve partout. Voyez, entre autres, les articles conformes d'Agen, 23 et d'Auvillar, 75; et ceux de Lunas, 25, Montcabrier, Thègra, 7, Montricoux, 15, etc.

[5] La prevision de ce cas est très usitée dans la région (Agen, 20, Condom, 32, Auch, 44, Moissac, 22, Cahors, 126). Je la trouve aussi comprise dans un statut dressé à Toulouse en 1152; mais elle n'est pas formulée dans les autres chartes Languedociennes.

cocelh del baile del senhor devo e podo metre plechas e far establimens quant pagara hom et femna per si meteis o per sa bestia o per causa de plechas de dias e quant de nuitz. E podo establir e mazelers et en taverners que compraran vi per vendre et en pancoseras¹ quant deuran gazanhar per raso de sol. o de saumada de vi o de cartera de blat, e se fazian contra lor establiment quant pagaran de plechas, e totas las plechas deu far pagar lo bailes en aissi col cocelhs li dira aquels que pagar no voldran.² — 76. E d'aquelas plechas deu aver lo senher la part quel cocelhs establira cascun an, laqual partz non deu esser mendre de la terssa part, mas be poiria esser major sil cocelhs s'i acordava. — 77. E l'autra partida aura lo cocelhs per pagar aquels que las plechas esenharan o levoran e per metre en causas cominals de la vila. — 78. E aquestz establimens de las plechas pot lo cocelhs e li home de la vila cascu an renovelar e creisser o mermar ab cocelh de baile.³

Janvier 1883.

---

¹ *Pancocera* (boulangère) est un mot du Haut-Languedoc, remplacé par *pistoressa* ou *pesteressa*, en Quercy ou en Agenais, et même en Gascogne où nous ne remarquons que par exception *pancossera* et *pangossie*.

² Le formulaire des principales dispositions contenues dans les articles 75 à 78, appartient encore à la Guyenne et à la Gascogne plutôt qu'au Languedoc. Outre le chapitre 29 d'Agen, voyez Clermont, 63, Larroque, 71, Prayssas, supplément, 9, Nogaro (dans Bladé, 194), Auvillar, 75, Lisle-Jourdain, Montauban, 51 à 55 (éd. Devais), Montcuq, 28, etc.

³ On voit que notre charte n'a pas de formules finales contenant les noms des témoins et celui du notaire; mais on peut soupçonner ici que cette lacune est seulement le fait du copiste du manuscrit, lequel a fait la même suppression en reproduisant la charte de coutumes de Castelnau de Bonafous dans le Tarn. Voyez notre édit. du *Cartulaire des Alaman*, page 3 et fac-sim.

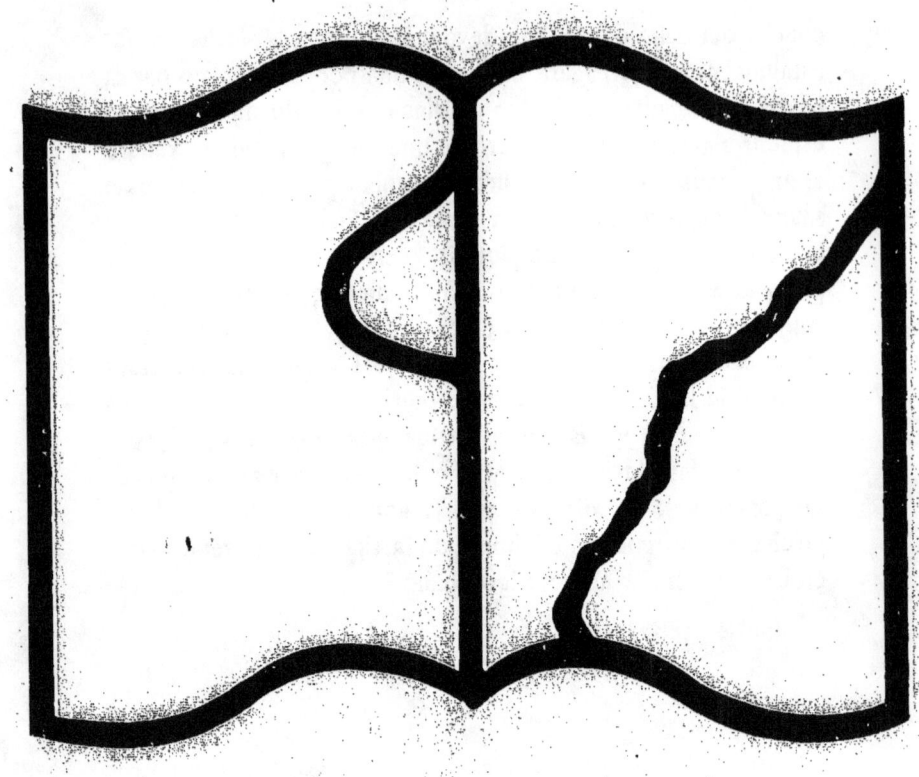

Texte détérioré — reliure défectueuse
NF Z 43-120-11

www.ingramcontent.com/pod-product-compliance
Lightning Source LLC
Chambersburg PA
CBHW070450080426
42451CB00025B/2698